ARTE

ANGELA ANITA CANTELE

Bacharel em Artes Plásticas pela Faculdade de Belas-Artes de São Paulo. Licenciatura plena em desenho pela Faculdade de Belas-Artes de São Paulo. Decoração de interiores pela Escola Panamericana de Arte. Cursos de artesanato, dobradura, pintura em tela, aquarela, guache, entre outros. Professora do Ensino Fundamental e do Ensino Médio. Autora de livros didáticos e Arte-educadora.

BRUNA RENATA CANTELE

Mestra em Educação, orientadora educacional, pedagoga e historiadora. Curso de desenho artístico e publicitário com o professor doutor Paulo da Silva Telles. Curso de história da arte em Florença e em Veneza, na Itália. Professora do Ensino Fundamental e do Ensino Médio. Assessora pedagógica e autora de livros didáticos e paradidáticos.

5.º ANO
ENSINO FUNDAMENTAL

4ª edição
São Paulo
2023

Eu gosto m@is – ARTE
5º ano
© IBEP, 2023

Diretor superintendente	Jorge Yunes
Diretora editorial	Célia de Assis
Editores	RAF Editoria e Serviços
Assistentes editoriais	Isabella Mouzinho, Stephanie Paparella, Isis Ramaze, Daniela Venerando
Revisores	RAF Editoria e Serviços, Yara Afonso
Secretaria editorial e processos	Elza Mizue Hata Fujihara
Departamento de arte	Aline Benitez, Gisele Gonçalves
Assistentes de iconografia	Victoria Lopes, Irene Araújo e Ana Cristina Melchert
Ilustração	José Luís Juhas, Lie Kobayashi
Produção Gráfica Editorial	Marcelo Ribeiro
Projeto gráfico e capa	Aline Benitez
Diagramação	Nany Produções Gráficas

4ª edição – São Paulo – 2023
Todos os direitos reservados

IBEP
Rua Gomes de Carvalho, 1306, 11º andar, Vila Olímpia
São Paulo – SP – 04547-005 – Brasil – Tel.: (11) 2799-7799
www.editoraibep.com.br
editoras@ibep-nacional.com.br
Impresso na Leograf Gráfica e Editora - Julho/2023.

Dados Internacionais de Catalogação na Publicação (CIP) de acordo com ISBD

C229e   Cantele, Angela Anita
       Eu gosto m@is : Arte / Angela Anita Cantele, Bruna Renata
   Cantele. - 4. ed. - São Paulo : IBEP - Instituto Brasileiro de Edições
   Pedagógicas, 2023.
       il ; 27,5 cm x 20,5 cm. - (Eu gosto m@is 5º ano)

       Inclui anexo.
       ISBN: 978-65-5696-429-4 (Aluno)
       ISBN: 978-65-5696-430-0 (Professor)

       1. Educação. 2. Ensino fundamental. 3. Livro didático. 4. Arte.
   I. Cantele, Bruna Renata. II. Título. III. Série.

2023-1195   CDD 372.07
                                                    CDU 372.4

Elaborado por Odílio Hilario Moreira Junior - CRB-8/9949

Índice para catálogo sistemático:
1. Educação - Ensino fundamental: Livro didático 372.07
2. Educação - Ensino fundamental: Livro didático 372.4

APRESENTAÇÃO

O livro **Eu gosto m@is – Arte** traz momentos nos quais você poderá aplicar técnicas artísticas, como: pintar, desenhar, modelar, recortar e colar, dançar, dramatizar, cantar, fazer artesanato e muitas atividades nas quais você poderá explorar a sua criatividade.

Neste livro você vai conhecer tipos de trabalhos artísticos, alguns artistas e suas obras, fazer releituras e acrescentar arte à sua vida.

Você verá que toda vez que somos capazes de produzir algo com a arte, sentimo-nos realizados.

Um bom ano de estudos em **Eu gosto m@is – Arte**... e conte conosco.

As autoras

SUMÁRIO

Lição 1 – Por que estudar Arte? 7
- Atividade 1 – As quatro linguagens da Arte 8
- Atividade 2 – Pintando com as cores primárias e secundárias 9
- Atividade 3 – Pintando com as cores quentes e frias 10
- Atividade 4 – Identificando as cores em obras de arte 11
- Atividade 5 – Cultura indígena – Brincadeiras 12
- Atividade 6 – É Páscoa! – Recorte e montagem 13

Lição 2 – Composição 14
- Atividade 7 – Composição visual/temática 15
- Atividade 8 – Composição periódica 16
- Atividade 9 – Composição estrutural 17
- Atividade 10 – Cultura africana – Culinária 18
- Atividade 11 – Dia das Mães – Quadro de mesa 19

Lição 3 – Teatro – Figurino e personagens 20
- Atividade 12 – Teatro – Criação de personagem e figurino 21
- Atividade 13 – Teatro – Jogos teatrais 22
- Atividade 14 – Colagem com papel colorido e caneta hidrocor 23
- Atividade 15 – Crie sua história em quadrinhos 24
- Atividade 16 – Patrimônio cultural 25
- Atividade 17 – Dia dos Pais – Cartão ou porta-retrato 26

Lição 4 – Conhecendo Vincent van Gogh 27
- Atividade 18 – Pintando uma obra de Van Gogh 28
- Atividade 19 – Autorretrato 29
- Atividade 20 – É primavera! – Estação das flores 30
- Atividade 21 – Trabalhando com material reciclável – Coruja 31

Lição 5 – Os figurinos na dança **32**
- Atividade 22 – Para cada dança um traje 33
- Atividade 23 – Dança – Jogos musicais 34
- Atividade 24 – Formas geométricas 35
- Atividade 25 – Simetria 36
- Atividade 26 – Tangram – Exercícios lógicos de percepção visual 37
- **Atividade 27 – Folclore – Parlendas e trava-línguas** 39

Lição 6 – Expressão musical – A orquestra e seus instrumentos **40**
- Atividade 28 – Instrumentos musicais 41
- Atividade 29 – Festival musical 42
- Atividade 30 – Trabalhando com linhas retas 43
- Atividade 31 – Trabalhando com linha curva 44
- Atividade 32 – Pintando com tinta guache 45
- **Atividade 33 – É Natal! – Pintando um presépio** 46

Almanaque **47**

Adesivo **60**

LIÇÃO 1

POR QUE ESTUDAR ARTE?

Com certeza você já se fez essa pergunta. Então, nós resolvemos demonstrar para você, querido aluno, que a arte está presente na nossa vida todo tempo e, na maioria das vezes, nem nos damos conta. Por exemplo, na roupa que vestimos; no tênis que calçamos; no carro que nos transporta; em um perfume; na nossa música favorita; nos vídeos a que assistimos na internet.

Essa sensação agradável que sentimos ao ouvir uma música, assistir a um filme, contemplar uma obra de arte, dançar, assistir a uma peça de teatro ou atuar, e até o ambiente que nos cerca, torna cada vez mais interessante estudar arte.

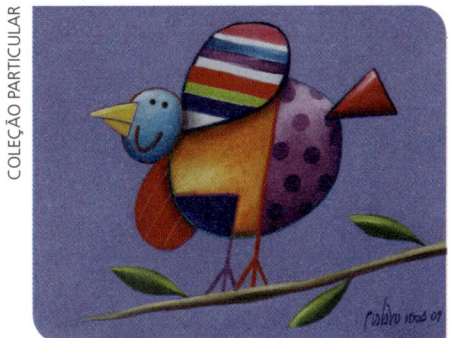

COLEÇÃO PARTICULAR

Pintura.

PUBLIO FURBINO/SHUTTERSTOCK

Artesanato.

JACK VARTOOGIAN/GETTY IMAGES

Música.

LEO CALDAS

Dança.

ROBERT SCHWENCK

Teatro.

VLADIMIR LIVERTS

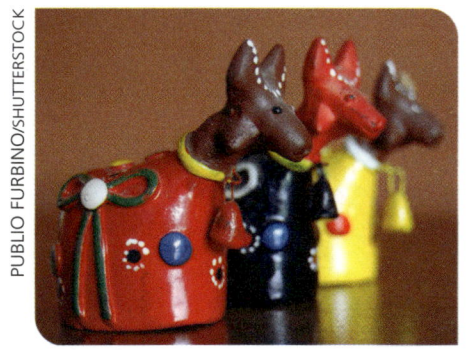

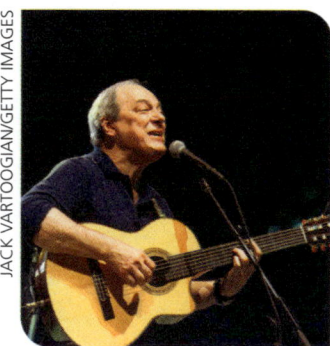

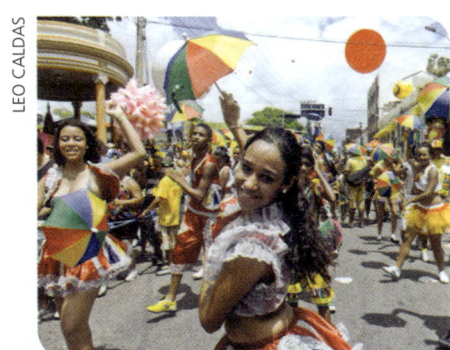

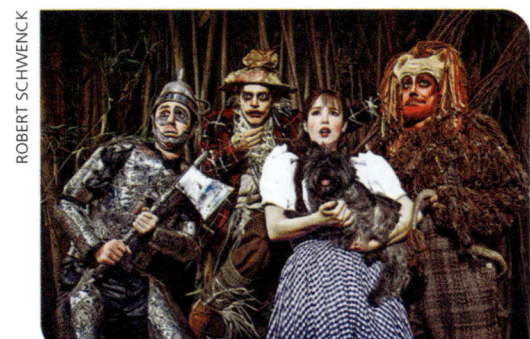

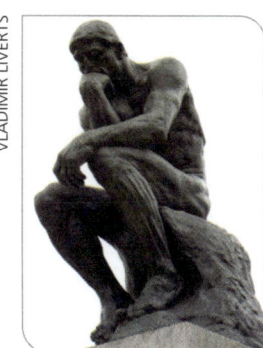

Escultura.

ATIVIDADE 1

AS QUATRO LINGUAGENS DA ARTE

ARTES VISUAIS

MÚSICA

DANÇA

TEATRO

 **ATIVIDADE 2**

PINTANDO COM AS CORES PRIMÁRIAS E SECUNDÁRIAS

ATIVIDADE 3

PINTANDO COM AS CORES QUENTES E FRIAS

EDITORIA DE ARTE

ATIVIDADE 4

IDENTIFICANDO AS CORES EM OBRAS DE ARTE

Cores primárias

Galo (2005), de Gustavo Rosa. Tinta acrílica, 50 cm × 40 cm.

Cores quentes

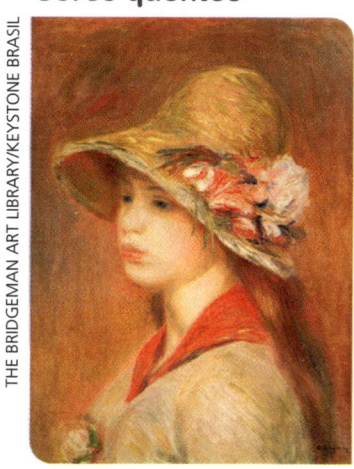

Jovem mulher em um chapéu (S.D.), de Auguste Renoir. Óleo sobre tela, 42 cm × 31 cm.

Cores secundárias

Ad Parnassum (1932), de Paul Klee. Óleo sobre tela, 100 cm × 128 cm.

Cores frias

Abstrato 2 (2008), de Angela Anita Cantele. Acrílica sobre tela, com massa plástica e textura, 60 cm × 70 cm.

CULTURA INDÍGENA – BRINCADEIRAS

12

ATIVIDADE 6

É PÁSCOA! – RECORTE E MONTAGEM

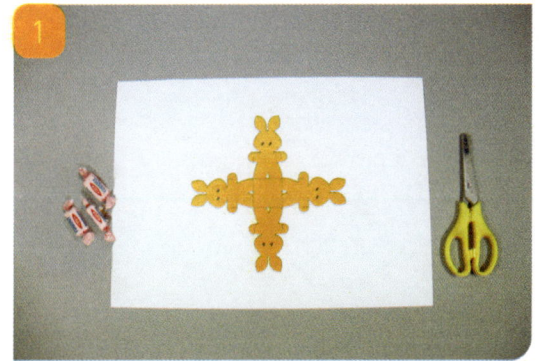

LIÇÃO 2

COMPOSIÇÃO

Em Arte, composição é o ato e o resultado de compor. Compor é colocar ordenadamente uma série de informações e representá-las no papel. Elas devem completar harmonicamente a ordem da composição.

A composição pode ser:

- visual/temática – transmite uma mensagem por meio de imagens;
- estrutural – tem como característica trabalhar formas geométricas;
- periódica – tem como característica a repetição da forma.

Observe os exemplos:

Composição visual/temática

Fruteira, copo e maçãs (1880), de Paul Cézanne. Óleo sobre tela, 45,7 cm x 54,5 cm.

Composição estrutural

Composição em vermelho, azul e amarelo (1930), de Piet Mondrian. Óleo sobre tela, 51 cm x 51 cm.

Composição periódica

Mickey-Mouse (1981), de Andy Warhol. Serigrafia, 152,4 cm x 152 cm.

ATIVIDADE 7

COMPOSIÇÃO VISUAL/TEMÁTICA

ATIVIDADE 8

COMPOSIÇÃO PERIÓDICA

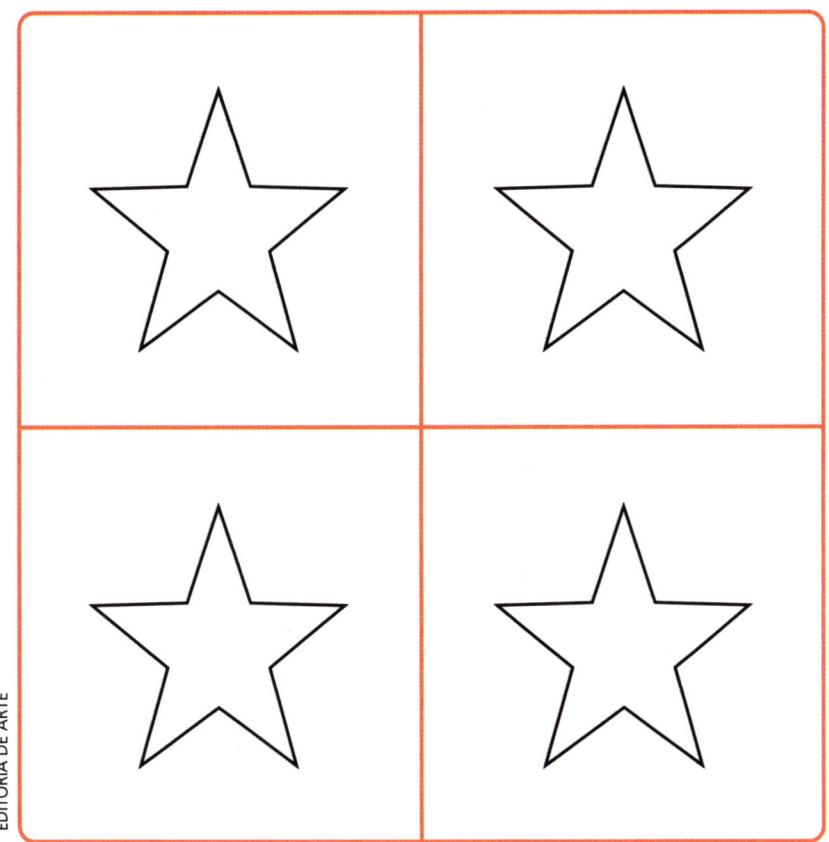

ATIVIDADE 9

COMPOSIÇÃO ESTRUTURAL

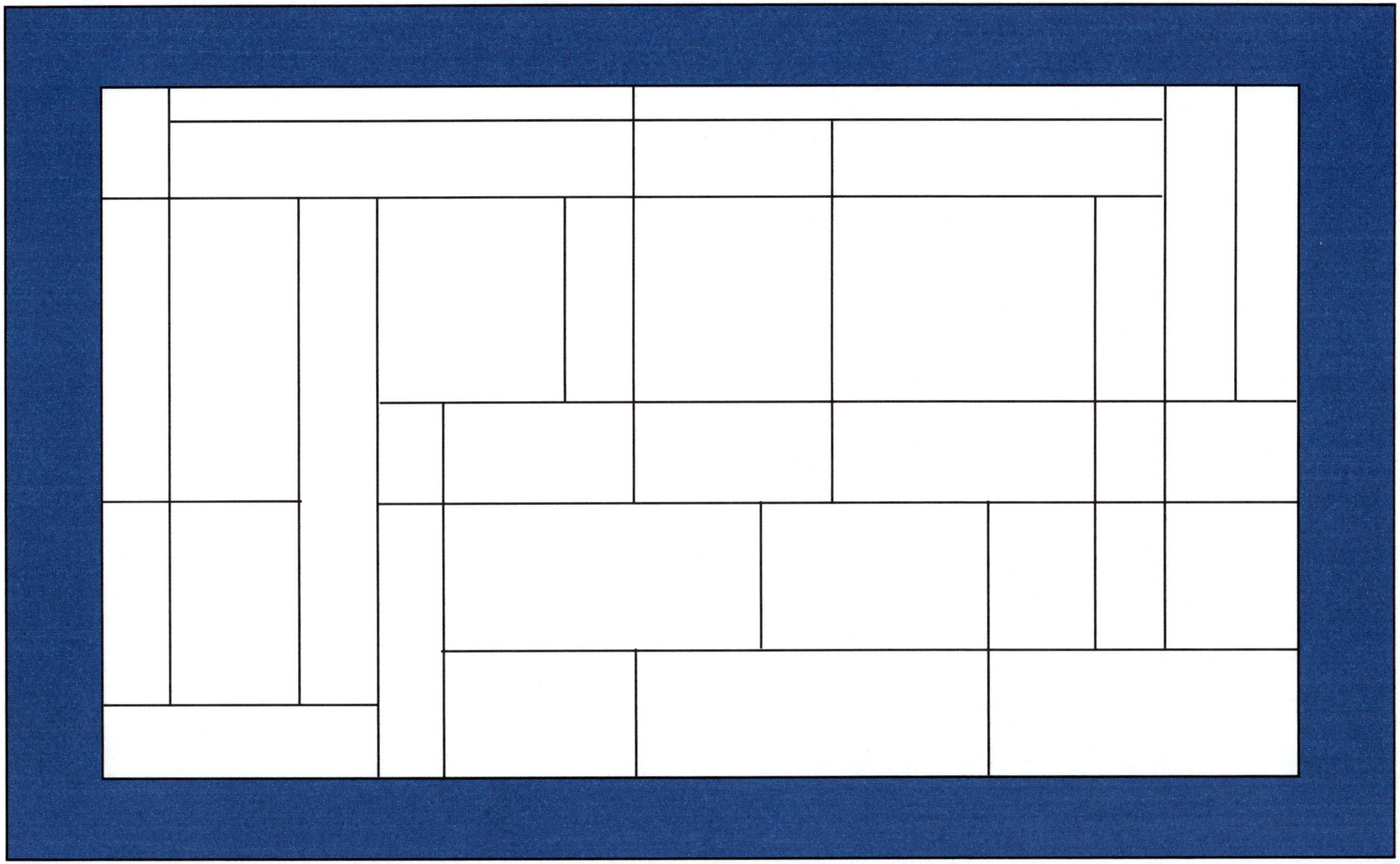

CULTURA AFRICANA – CULINÁRIA

A culinária é uma das raízes culturais que mais resiste à passagem do tempo. A culinária africana, por exemplo, está presente em nosso dia a dia, em alguns pratos deliciosos, como vatapá, acarajé, cuscuz, feijoada, quindim, cocada, pamonha, entre tantos outros. Devemos à cultura africana todas essas delícias!

Baiana Janete da Conceição, preparando acarajé.

"No tabuleiro da baiana tem: vatapá, caruru, munguzá…"

O verso do compositor Ari Barroso (1903-1964), feito em 1936 e imortalizado na voz de Dorival Caymmi, mostra como a culinária africana está incorporada à cultura do Brasil.

Acarajé.

Quindim.

Feijoada.

DIA DAS MÃES – QUADRO DE MESA

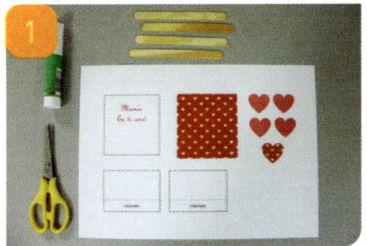

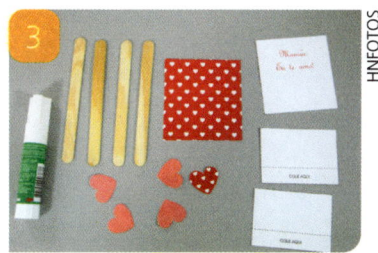

LIÇÃO 3
TEATRO – FIGURINO E PERSONAGENS

O figurino dá vida ao personagem e revela muitas informações sobre ele. Quando vemos o personagem entrar em cena, a primeira coisa que observamos é sua roupa. O figurino revela ao espectador, antes mesmo de se estabelecer o diálogo, muitas informações sobre o personagem e a peça em si.

Apresentação da peça teatral *O Mágico de Oz* em São Paulo (SP).

Apresentação da peça *Romeu e Julieta*.

ATIVIDADE 12

TEATRO – CRIAÇÃO DE PERSONAGEM E FIGURINO

TÍTULO DA PEÇA

_____

_____

HISTÓRIA

_____

_____

_____

_____

_____

_____

_____

_____

_____

DESENHE AQUI SEU PERSONAGEM OU SEU FIGURINO

ATIVIDADE 13

TEATRO – JOGOS TEATRAIS

PERSONAGEM: MÁGICO	PERSONAGEM: MENINO(A)	PERSONAGEM: JUIZ	PERSONAGEM: FREIRA/PADRE
SITUAÇÃO: TROPEÇA	SITUAÇÃO: NÃO PARA DE TOSSIR	SITUAÇÃO: DORME	SITUAÇÃO: VÊ UMA COBRA
LUGAR: FLORESTA	LUGAR: CONFEITARIA	LUGAR: FESTA	LUGAR: RESTAURANTE

ATIVIDADE 14

COLAGEM COM PAPEL COLORIDO E CANETA HIDROCOR

ATIVIDADE 15

CRIE SUA HISTÓRIA EM QUADRINHOS

ATIVIDADE 16

PATRIMÔNIO CULTURAL

O **patrimônio cultural** divide-se em dois grupos:

Patrimônio material – é o patrimônio tangível de um povo, como museus, obras de arte, monumentos, igrejas, bibliotecas, imóveis tombados, entre outros.

Patrimônio imaterial – é o patrimônio considerado intangível e que abrange as expressões simbólicas e culturais de um povo, como as festas, as músicas, as danças, os costumes, os saberes, a culinária, entre outras formas de expressão.

Santuário de Bom Jesus de Matosinhos, em Congonhas, Minas Gerais.

Dança do frevo, em Recife.

Paisagens cariocas, no Rio de Janeiro.

Literatura de cordel.

25

ATIVIDADE 17

DIA DOS PAIS – CARTÃO OU PORTA-RETRATO

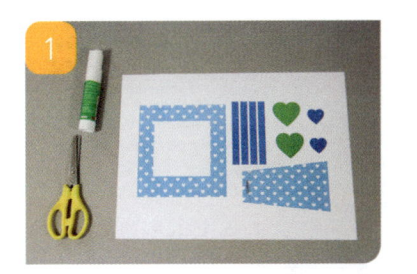

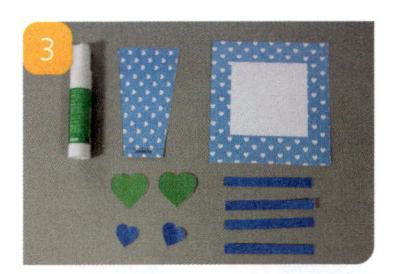

LIÇÃO 4

CONHECENDO VINCENT VAN GOGH

Vincent van Gogh nasceu em 30 de março de 1853, na Holanda, e morreu em 29 de julho de 1890, na França. Pintou cerca de 900 quadros. Era um artista que usava muitas cores, e hoje é conhecido como um dos gênios da pintura.

MUSEU KRÖLLER-MÜLLER, OTTERLO

MUSEU DE ARTE MODERNA DE NOVA YORQUE

Noite estrelada, 1889, de Vincent van Gogh.
Óleo sobre tela, 73,7 cm × 92,1 cm.

Café em Paris, 1888, de Vincent van Gogh.
Óleo sobre tela, 81 cm × 65,5 cm.

27

ATIVIDADE 18

PINTANDO UMA OBRA DE VAN GOGH

Doze girassóis num jarro, de Vincent van Gogh, 1888.
Óleo sobre tela, 91 cm × 72 cm.

NEUE PINACOTECA. MUNIQUE.

ATIVIDADE 19

AUTORRETRATO

Autorretrato (1889), de Vincent van Gogh. Óleo sobre tela, 65 cm x 51 cm.

MUSEU D'ORSAY/PARIS

Autorretrato com boina (1886), de Claude Monet. Óleo sobre tela, 56 cm x 46 cm.

MUSEU MARMOTTAN EM PARIS

ATIVIDADE 20

É PRIMAVERA! – ESTAÇÃO DAS FLORES

HNFOTOS

ATIVIDADE 21

TRABALHANDO COM MATERIAL RECICLÁVEL – CORUJA

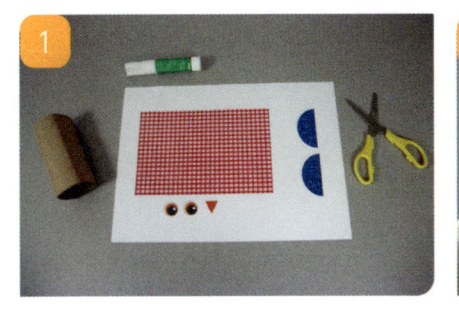

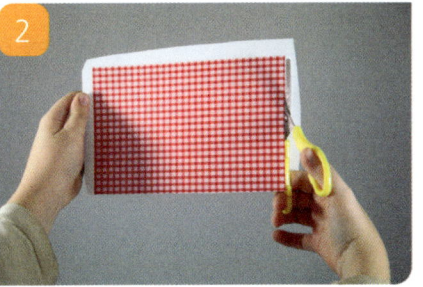

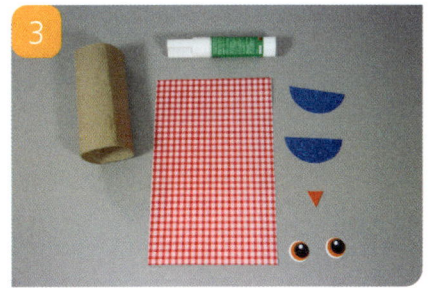

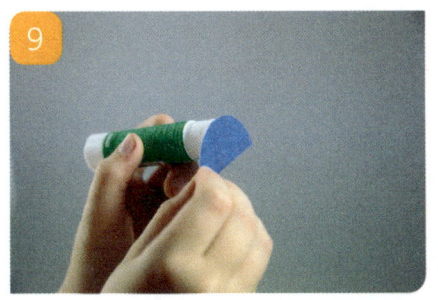

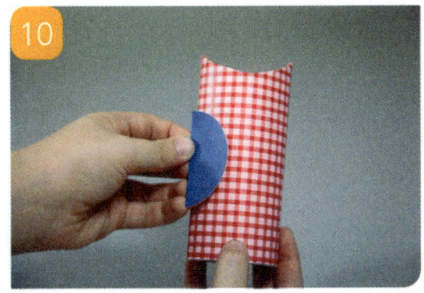

LIÇÃO 5

OS FIGURINOS NA DANÇA

Observem como os figurinos dos dançarinos são diferentes. Cada dança exige deles um tipo de movimento, e as roupas usadas precisam estar de acordo com o tema e com os passos que os dançarinos farão ao dançar.

Dança do ventre.

Salsa.

Hip hop.

Ballet clássico.

ATIVIDADE 22

PARA CADA DANÇA UM TRAJE

JOSÉ LUIS JUHAS

ATIVIDADE 23

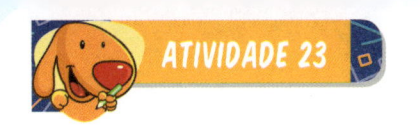

DANÇA – JOGOS MUSICAIS

ATIVIDADE 24

FORMAS GEOMÉTRICAS

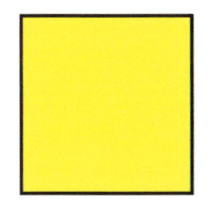

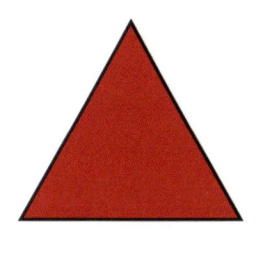

ATIVIDADE 25

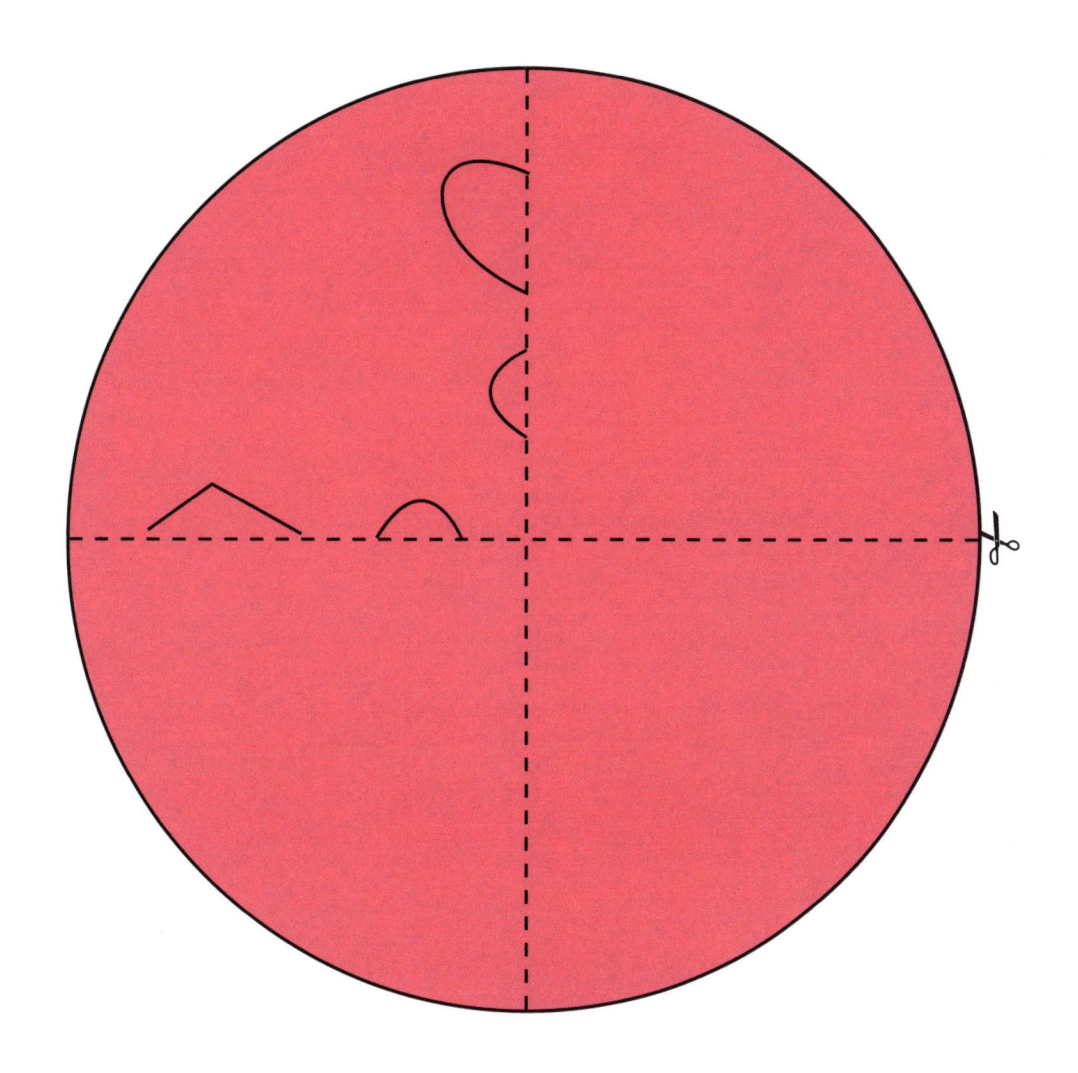

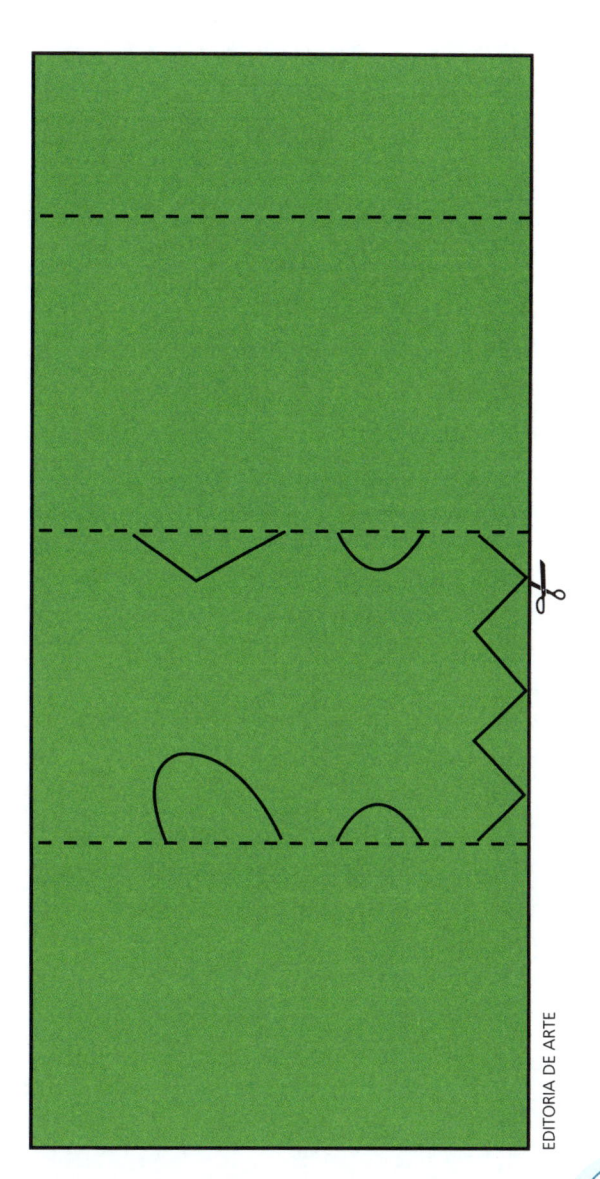

SIMETRIA

ATIVIDADE 26

TANGRAM – EXERCÍCIOS LÓGICOS DE PERCEPÇÃO VISUAL

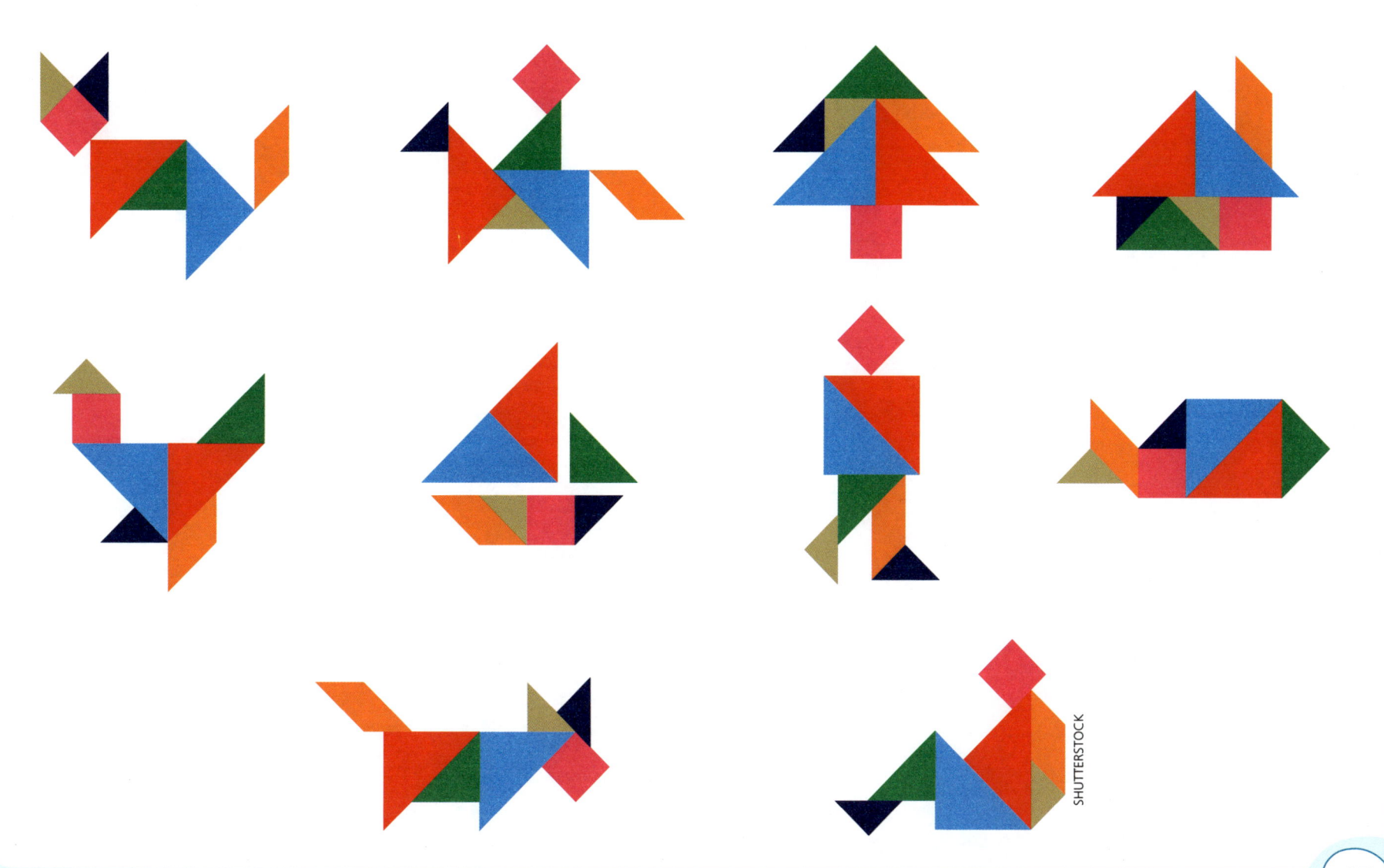

ATIVIDADE 26

CONTINUAÇÃO

TANGRAM – EXERCÍCIOS LÓGICOS DE PERCEPÇÃO VISUAL

FOLCLORE – PARLENDAS E TRAVA-LÍNGUAS

PARLENDAS

1. Uni duni tê
   Salamê minguê
   O sorvete colorido
   O escolhido foi você!

2. Corre cutia, na casa da tia.
   Corre cipó, na casa da avó.
   Lencinho na mão, caiu no chão.
   Moça bonita, do meu coração.
   Um, dois, três!

3. Galinha choca,
   comeu minhoca,
   saiu pulando,
   que nem pipoca!

4. Era uma bruxa, à meia-noite
   em um castelo mal-assombrado
   com uma faca na mão
   passando manteiga no pão.

5. Um, dois, feijão com arroz
   Três, quatro, feijão no prato
   Cinco, seis, falar inglês
   Sete, oito, comer biscoitos
   Nove, dez, comer pastéis!

TRAVA-LÍNGUAS

1. O rato roeu a rolha da garrafa de rum do rei da Rússia.

2. Três pratos de trigo para três tigres tristes.

3. O sabiá não sabia que o sábio sabia que o sabiá não sabia assobiar.

4. Um ninho de mafagafos tinha sete mafagafinhos. Quem desmafagar esses mafagafinhos bom desmagafigador será.

5. Uma aranha dentro da jarra. Nem a jarra arranha a aranha nem a aranha arranha a jarra.

6. O tempo perguntou ao tempo quanto tempo o tempo tem, o tempo respondeu ao tempo que o tempo tem tanto tempo quanto tempo tem.

7. O doce perguntou pro doce
   Qual é o doce mais doce.
   O doce respondeu pro doce
   Que o doce mais doce
   É o doce de batata-doce.

8. A aranha arranha a rã.
   A rã arranha a aranha.
   Nem a aranha arranha a rã.

9. A vaca malhada foi molhada por outra vaca molhada e malhada.

LIÇÃO 6

EXPRESSÃO MUSICAL – A ORQUESTRA E SEUS INSTRUMENTOS

Há várias maneiras de ouvir música: pelo rádio, pela TV, pela internet, em uma sala de concerto, entre outras possibilidades. É em uma sala de concertos, ou em um teatro, que se pode escutar peças musicais executadas por uma orquestra. A orquestra é regida por um maestro.

Apresentação de orquestra.

Maestro em apresentação de orquestra.

ATIVIDADE 28

INSTRUMENTOS MUSICAIS

INSTRUMENTOS DE SOPRO	INSTRUMENTOS DE CORDA	INSTRUMENTOS DE PERCUSSÃO

ATIVIDADE 29

FESTIVAL MUSICAL

Vamos realizar um festival musical?
Em grupos, os alunos devem escolher uma música e ensaiá-la para apresentá-la aos demais grupos na sala de aula.
No dia da apresentação, cada grupo pode combinar de usar uma roupa ou adereço que o identifique. Podem ser camisetas de mesma cor ou de cores contrastantes, óculos de sol, chapéus e o que mais acharem divertido.
Vamos cantar!

ATIVIDADE 30

TRABALHANDO COM LINHAS RETAS

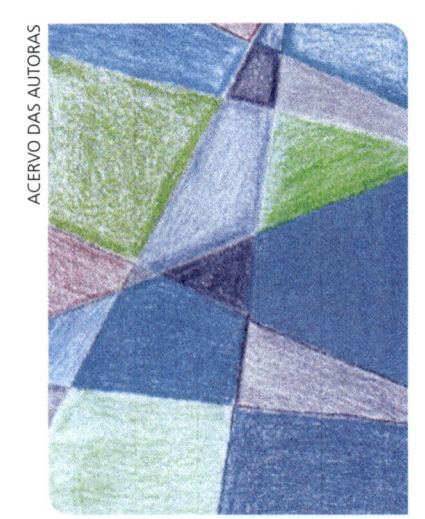

ACERVO DAS AUTORAS

Desenho com lápis de cor de Guilherme Cantele.

ATIVIDADE 31

TRABALHANDO COM LINHA CURVA

Pintura em seda pura, de Angela Anita Cantele.

ATIVIDADE 32

PINTANDO COM TINTA GUACHE

45

NATAL – PINTANDO UM PRESÉPIO

Coleção **Eu gosto m@is**

ALMANAQUE

LIÇÃO 1

ATIVIDADE 6

LIÇÃO 2

ATIVIDADE 10

ALMANAQUE

Parte integrante da Coleção Eu Gosto M@is - Arte 5º ano - IBEP.

LIÇÃO 2

ATIVIDADE 11

Mamãe,
Eu te amo!

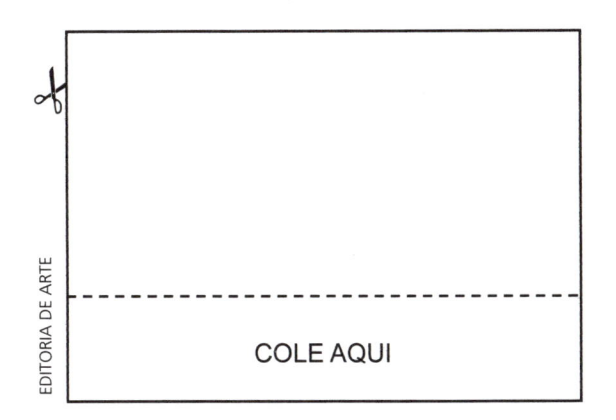

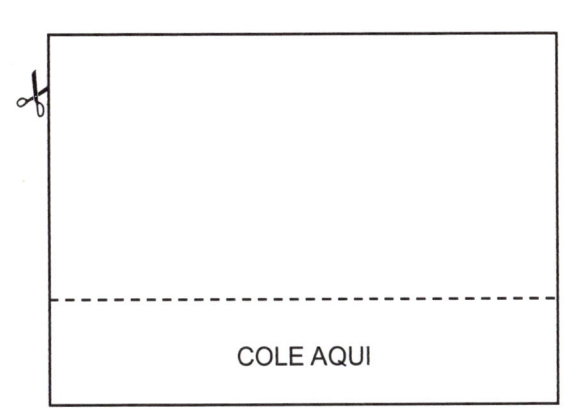

COLE AQUI

COLE AQUI

ALMANAQUE

LIÇÃO 3

ATIVIDADE 14

LIÇÃO 3

ATIVIDADE 17

ALMANAQUE

DOBRAR

EDITORIA DE ARTE

52

Parte integrante da Coleção Eu Gosto M@is - Arte 5º ano - IBEP.

LIÇÃO 4

ATIVIDADE 18

53

LIÇÃO 4

ATIVIDADE 20

ALMANAQUE

ILUSTRAÇÕES: BRUNA ISHIHARA

Parte integrante da Coleção Eu Gosto M@is - Arte 5º ano - IBEP.

54

LIÇÃO 4

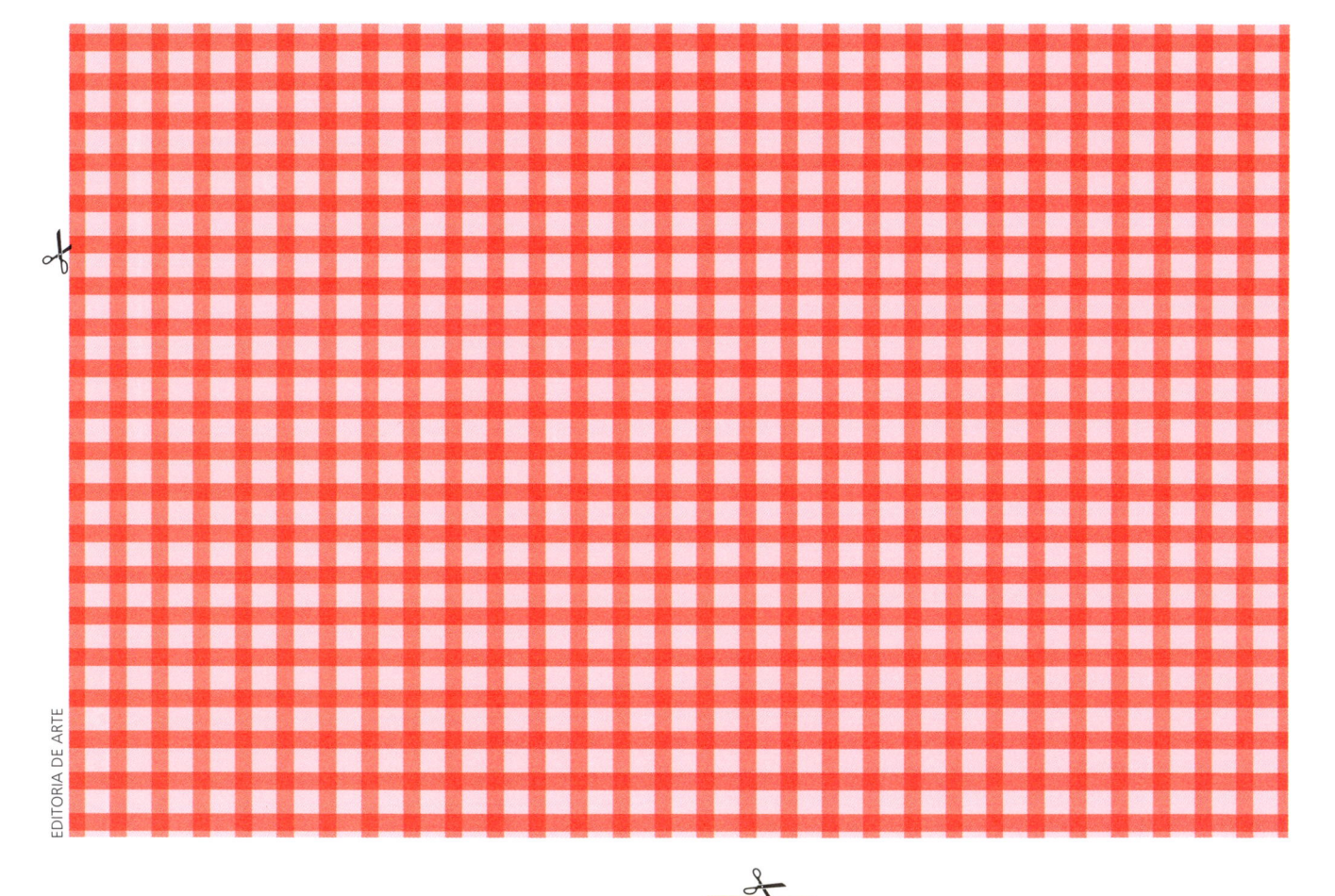

ATIVIDADE 21

ALMANAQUE

EDITORIA DE ARTE

Parte integrante da Coleção Eu Gosto M@is - Arte 5º ano - IBEP.

LIÇÃO 5

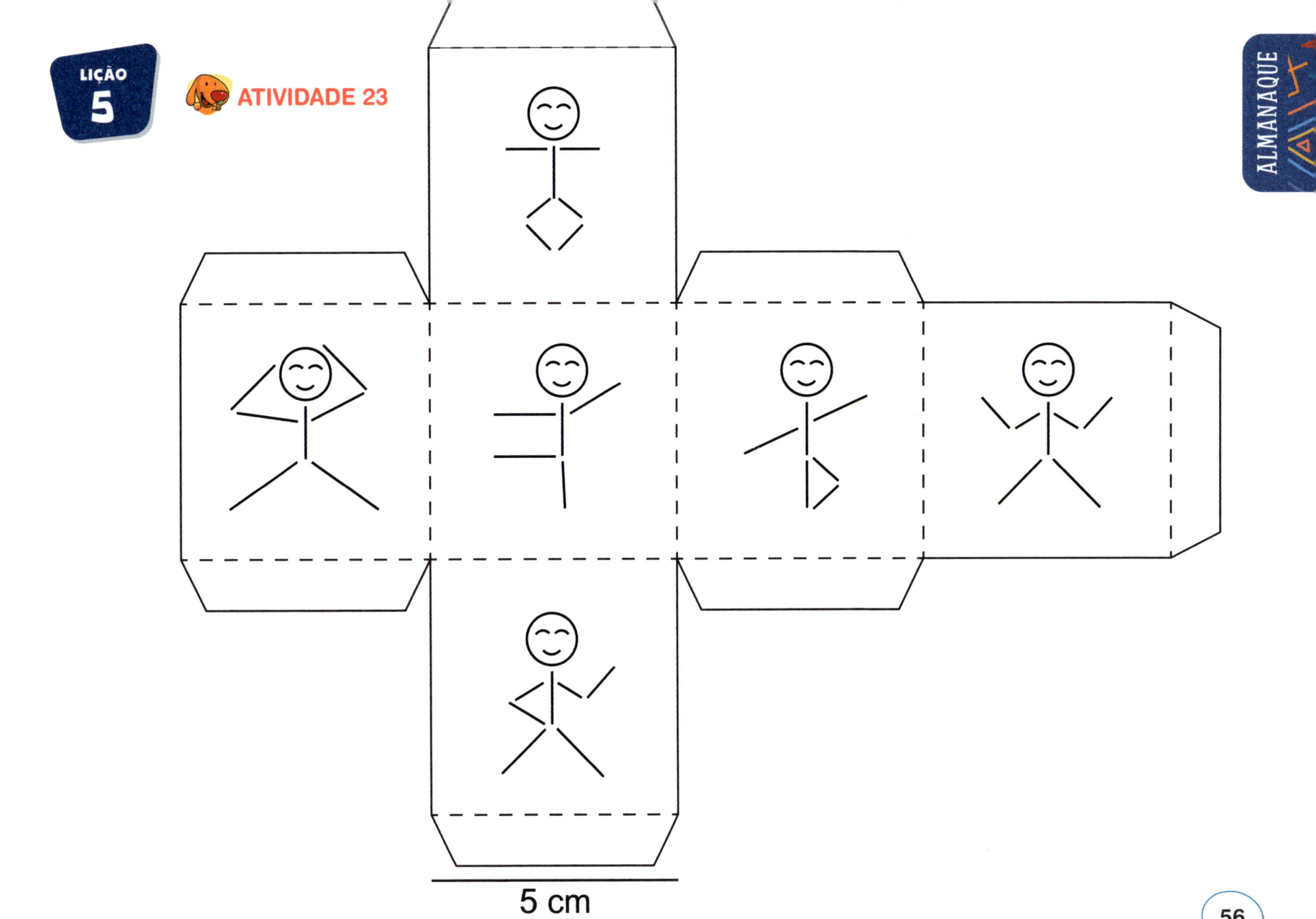

ATIVIDADE 23

5 cm

LIÇÃO 5

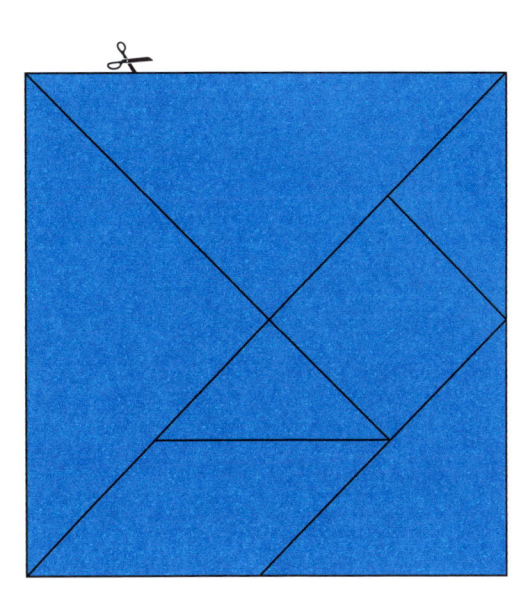

ATIVIDADE 26

LIÇÃO 5

ATIVIDADE 27

Uni, duni, tê
Salamê minguê
O sorvete colorê
O escolhido foi você.

Lá em cima do piano
Tem um copo de veneno

LIÇÃO 6

ATIVIDADE 33

LIÇÃO 1

ATIVIDADE 5

LIÇÃO 6

ATIVIDADE 28

ADESIVOS

FOTOS: SHUTTERSTOCK

Parte integrante da Coleção Eu Gosto M@is - Arte 5º ano - IBEP.

61